あたまがよくなる！女の子のキラメキなぞなぞDX

脳科学者 加藤俊徳 監修

西東社

たのしくあそぼう！ なぞなぞのヒミツ

もんだい

右のなぞなぞをといてみよう。
（こたえ／25ページ）

あまくても
からいと言われる
りょうりはなあに？

**あたま（脳）は
すごいチカラをもっているよ！**

左の図を見てください。
脳は8つのエリアにわかれていて、「なぜ？なに？」と考えたり、
「わかった！」と理解したり、それぞれにやくわりがあるんだ。
じつは、きみがなぞなぞをといたとき、脳のエリアがいくつも
刺激をうけたよ。この刺激で脳はきらめき、あたまがよくなるんだ。
この本は、8つのエリアがたくさん刺激される工夫がしてあるから、
くりかえしたのしんで、脳をどんどんきらめかせよう。

なぞなぞは
脳をアクロバチックにつかい、
理解するチカラ、
ひらめくチカラをつけます！

脳科学者
加藤俊徳 先生

この本が脳によいところ

1. たくさんのなぞなぞにチャレンジできる！
2. 解き方を知って考えることで脳がたくさん刺激される！
3. たのしいテーマごとに章がわかれている！
4. オールカラーで絵がかわいく、色彩豊かで、視覚情報が多い！
5. なぞなぞ以外の脳シゲキ問題にも挑戦できる！
6. １冊を通して物語もたのしめる！

【おうちのかたへ】

子どもの脳は刺激を受ければ受けるほど成長していきます。右脳は感覚や直感的思考、左脳は言語や論理的思考を司ります。右脳の発達が左脳の伸びに大きく影響しますから、10歳くらいまでは右脳を刺激する遊びが大切になります。そのうえで、言語が飛躍的に発達し始める5歳くらいから左脳を鍛える遊びも取り入れると、脳はバランスよく刺激されめざましい成長を遂げます。なぞなぞは、左脳を鍛えるトレーニングとしてたいへんおすすめです。さらに本書は、右脳の刺激にもなるように視覚的な工夫もしていますから、たのしくなぞなぞを解くことで上の図のように脳の８つのエリアが刺激されます。ぜひ親御さんも一緒になってなぞなぞをたのしんでください。

めざせ！なぞなぞマスター 5〜19ページ
この本のたのしみ方 20ページ

3 ピカピカ おしごとなぞなぞ 101〜138ページ

2 ワクワク どうぶつなぞなぞ 61〜100ページ

1 キラキラ プリンセスなぞなぞ 21〜60ページ

6 ワイワイ スクールなぞなぞ 217〜256ページ

5 ルンルン しぜんなぞなぞ 177〜216ページ

4 ごろごろ キッチンなぞなぞ 139〜176ページ

8 スペシャル なぞなぞぜんこく大会 297〜311ページ

7 ウキウキ ショッピングなぞなぞ 257〜296ページ

こたえ 312〜319ページ

4

めざせ!
なぞなぞマスター

クラスのなかよし３人組。
「なぞなぞクラブ」に入って、ぜんこく大会をめざすことに!!
「プリンセス」「どうぶつ」など、テーマごとに
なぞなぞをとっくんしていくよ。

ひめか
プリンセスにあこがれる、明るくやさしい女の子。キラキラした、かわいいものが大すき!

さくら
まじめで本を読むのが大すきな女の子。しょうらいのゆめは作家になること。

りり
元気いっぱい、たいようの下で思いっきりあそぶのがすきな女の子。りょうりがとくい!

火上せんぱい
なぞなぞクラブの部長。なぞなぞへのじょうねつは人一倍。

風間先生
なぞなぞクラブのこもん。むずかしいもんだいをようしゃなくくりだす。

ダジャレ

おなじか、にたような音で、いみがちがうことば同士をかけている、ことばあそびだよ。

なぞなぞ

馬車が水たまりの上をとおりかかったとき音がしたよ。どんな音?

こたえ
バシャ

ときかた
水たまりにいきおいよく入ったとき、どんな音がする?「バシャッ」という音がするね。「馬車」と「バシャッ」をかけたことばあそびだよ。

パターン2 おそろい

脳キラメキ・エリア 思考 記憶
こたえのいちぶにキーワードとおそろいの音がふくまれているよ。「○○は○○でも…」のパターンに多いよ。

なぞなぞ
花は花でも
もえてすぐに
きえちゃう花ってなあに？

ときかた
もんだいが「花は花でも……花って？」となっているので、おそろいで「花」がキーワード。「はな」という文字が入る、すぐにきえてしまうものをさがそう。

こたえ
花火

数字をごろあわせでよんだり、文字をかぞえて数とごろあわせにするなど、数字がかんけいするもんだいだよ。

数字

なぞなぞ
ケーキの上のまっかな「15」ってなあに？

ときかた
「15」は「じゅうご」だけど、1つの数字ごとによんでみると、「1＝いち」、「5＝ご」だよね。つなげてよんでみよう。

こたえ
いちご

パターン4 かくれんぼ

なぞなぞでもんだいになっていることばの中に、こたえがかくれているよ。

なぞなぞ

かいものかごにかならず入っている食べものって？

ときかた

「かいものかご」ということばをよーく見て！ よく知っている食べものの名前がかくれているね。

[ことばのかくればしょ]
* 上・まえ
* 下・うしろ
* 中
* はし

など

こたえ

いも

ようす

かたちやうごき、せいしつなどをせつめいしているなぞなぞ。ようすを思いうかべて考えよう。

なぞなぞ

大きければ大きいほど耳の中に入りやすいものってなあに？

ときかた

大きいというと、見た目の大きさを考えるけれど、「耳の中に入りやすい」だから、耳できく大きなものだよ。

こたえ

音

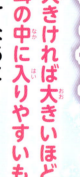

パターン6

さかさま

「さか立ちする」などのキーワードが入っていて、もんだいのことばをさかさまにするとこたえがわかるよ。

なぞなぞ

イルカがさか立ちするとどうなっちゃう?

ときかた

「イルカがさか立ちする」とあるので、「イルカ」をさかさまにしてみよう。

【さかさまのキーワード】
* さか立ちする
* さかさにする
* ひっくりかえす
　など

こたえ

かるくなる

パターン7 チェンジ

たしたり、とったり、かえたりするキーワードが入っていて、もんだいのことばをチェンジさせるよ。

なぞなぞ

スイカにストローをさしてのむと出てくるいきものって？

こたえ

いか

ときかた

「ストロー」つまり「スをとる」ということ。スイカの「ス」をとると、なにかな？

【チェンジのキーワード】

* タヌキ
  （たをぬく）
* わたした
  （わをたした）
* かがみ
  （かをみにかえる）

など

脳キラキラエリア
運動 / 視覚

ことばのいみのとおりではなく、うらをかくようななぞなぞだよ。

パターン8

ひっかけ

なぞなぞ

お父さん、お母さん、お兄さん、お姉さん、赤ちゃん。一番せがひくいのはだれ？

ときかた

本当にせがひくいのは赤ちゃんだけど、手のゆびをそろえてみよう。一番せがひくいゆびは、なんて呼ぶかな？

こたえ
お父さん

脳キラキラエリア　伝達

パターン9
言いかえ

もんだいに出てくるキーワードをべつのひょうげんに言いかえると、こたえになるよ。

なぞなぞ

さわがず、音を立てないようにのる公園のゆうぐってなーんだ？

ときかた

さわいではいけないときに、なんて言うかな？「シー」と言うね。音を立てないようにするときは、「そー」っとのるね。言いかえた「シー」と「そー」の2つのことばをつなげるとこたえになるよ。

こたえ
シーソー

脳キラキラエリア
記憶 / 視覚

パターン10

文字（もじ）

ことばのいみではなく、文字のとくちょうについてのなぞなぞだよ。ひらがな、カタカナ、かんじのもんだいがあるよ。

なぞなぞ

「みぎ」と「ひだり」にあって「うえ」と「した」にはないものって？

ときかた

「みぎ」「ひだり」「うえ」「した」という文字をよーく見てみよう。「みぎ」と「ひだり」だけにあるのはなにかな？

こたえ

点々、だく点（゛）

この本のたのしみ方

たのしいテーマごとに、なぞなぞがもりだくさん！

ほかにも、たのしいクイズやあそびもいっぱいだよ。

なんとぜんぶで902もん！

ひめか、さくら、りり、火上せんぱいといっしょに

なぞなぞに挑戦して、なぞなぞマスターをめざそう!!

🌺 なぞなぞをたくさんとこう！

5〜19ページでなぞなぞのパターンがわかったら、すきなパートのなぞなぞをとこう！　各パートの前半は、なぞなぞのパターンと絵のヒント付きで、ときやすくなっているよ。後半はヒントなしでたくさんのもんだいにチャレンジできるよ。

前半

後半

【おうちのかたへ】なぞなぞは奥深く、パターンが複合しているものなどもあります。本書では、子どものひらめきの手助けとして、シンプルに示しています。

🌺 まちがいさがしやめいろにも挑戦しよう！

まちがいさがし、めいろ、さがしえ、ドリル、すいりのページもあるよ。

こたえは、312〜319ページにあるよ！

🌺 おまけクイズやことばあそびもたのしんで！

ページの下には8しゅるいのおまけのおたのしみが入っているよ。

おまけ
クイズ

ことば
あそび

おまけクイズのこたえは、それぞれのパートのさいごのページにあるよ。

20

1 キラキラ プリンセス なぞなぞ

すてきなドレスをきたプリンセスって
あこがれちゃうね♥
あなたのすきなプリンセスは出てくるかな。

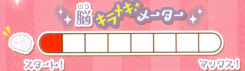

4 ダジャレ
茶色くても白って言われるたてものってなあに?

3 さかさま
ペンダントをさかさにしたらどうなった?

5 ダジャレ(えいご)
ハイキングで「はい」とへんじをしたのはだれ?

◀ こたえは 27 ページ

2 ページのこたえ　カレー

25

24〜25ページのこたえ　1 ダイヤ（大や）　2 イヤリング
3 とんだ（ペンダント）　4 城（しろ）　5 王さま（はい！キング）

12 ヘアピンが9本あるよ。なに色かな？

13 ベルはベルでも体にまきつけてつかうベルってなあに？

14 毎日いっしょにねているのにジャマなものって？

◀ こたえは31ページ

26〜27ページのこたえ　6 かぐやひめ（かぐ屋）　7 うしろ　8 おやゆびひめ
9 ひこぼし

すてきなおしろのインテリア

15
ゆかの上(うえ)に
ねてばかりいる
ペットってなあに?
(おそろい)

16
手(て)をおくと
ぶるっとふるえる
かぐってなあに?
(ダジャレ)

もしかして、わたしの家(いえ)にもある、あれかな？

ことばならべかえ トクゼーロッ
【ヒント】ようふくなどをしまうばしょのことだよ。

21 さかさま
ミルクが入ったグラスをさかさにしたらなにが出てくる?

22 おうじさま
王子さまの大こうぶつといえば?

23 おそろい(えいご) おそろい
リスはリスでも白いうさぎをおってふしぎの国にまよいこんだリスって?

◀ こたえは35ページ

30〜31ページのこたえ　15 カーペット　16 テーブル(手・ぶるっ)
17 トランプ　18 クッション(ハックション)

プリンセス
きらびやかな ほうせきばこ

24
いしょうにおすを かけると出てくる ほうせきは？
（ダジャレ）

25
かんはかんでも 王さまが頭につける かんってなあに？
（おそろい）

> ほうせきってキラキラ光ってすっごくきれい。

クイズ とってもかたいほうせきはどっち？
1 エメラルド　2 ダイヤモンド

26 プリンセスが10こも身につけているえりって？

27 ならべかえるとビールにへんしんしちゃうほうせきってなあに？

◀こたえは37ページ

32〜33ページのこたえ　19 スプーン（す・プーン）　20 おもちゃ
21 くるみ（ミルク）　22 プリン（王子さま＝プリンス）　23 アリス

30
（ダジャレ）

木々の小さいえだから
きこえてきたものは
なあに？

31
（言いかえ）

森のおくから
キャーという
さけび声がしたよ。
だれの声？

32
（チェンジ）

まほうのかがみに
「か」の字をうつすと
なににかわる？

◀ こたえは39ページ

✦ 34〜35ページのこたえ　24 すいしょう（す・いしょう）　25 王かん
26 ジュエリー（10 えり）　27 ルビー

プリンセス ごうかきゃくせんで世界りょこう

33
ごうかきゃくせんに
お客さんはなん人
のっているかな？

数字

34
外国なのに
ひらがなだらけの
国って？

ダジャレ

世界は海でつながっているよね。どこを旅するのかな？

ひっかけ10回クイズ
「船」と10回言ってみて。
➡ 家のずっと上にあるものは？

38

35 はれの日が多くて雨があまりふらない国はどこ？（ダジャレ）

36 しかはしかでも船長が海で見つけたしかは？（おそろい）

◀ こたえは 43 ページ

36〜37 ページのこたえ　28 りんご（「リン」が 5 こ）　29 年をとったから
39　30 声だ（小さい枝＝小枝）　31 ひめ（ひめい）　32 み（かがみになる）

38
大きなリボンをウエストにつけたプリンセスは、どこかな？

37
ウインクをした女の子は、どこかな？

プリンセスのウェディング

左の絵をよく見て **37〜41** のもんだいにこたえよう。

41
ストライプのドレスに青いかみかざりのプリンセスは、どこかな？

40
ピンクのドレスに、バラのかみかざりをつけたプリンセスは、どこかな？

39
ピンク色の花をもったどうぶつは、どこかな？

◀ こたえは312ページ

42 これ、なーんだ？

43 これ、なーんだ？

44 これはなんとよむ？

ヒント なに色の「グ」かな。

絵や文字のもんだいだよ。なにをあらわしているかな？

早口ことば
早口で3回言ってみて。
→ まじゅつし まじゅつ しゅぎょうちゅう

45 この<ruby>中<rt>なか</rt></ruby>で1つだけ、かんけいのないものがあるよ。どれかな？

46 これはなにをあらわしているかな？

 …

 AとJのあいだは2〜10だよ。

47 「ある」にきょうつうすることばは、なーんだ？

ある	なし
おやゆび	こゆび
人魚（にんぎょ）	人形（にんぎょう）
おり	かご
かぐや	ようふくや

プリンセスは なにがおとくい？

48 さかはさかでも 上がることしかできない さかってなあに？

49 みんなが 口だけしか うごかさない ショーってなあに？

50 さいはさいでも はりと糸をつかう さいってなあに？

51 ひめがクッキングを していたら だれが来た？

ラプンツェルはうたがとってもじょうずなのよね。

かぞえて このお花 はいくつあるかな？

プリンセスのファミリー

56 妹思いの やさしい「23」って だあれ？

57 金は金でも おしろの中で 一番えらい金って？

58 おしろで毎朝 一番先におきるのは だあれ？

59 女王は女王でも おしろではなく土の中に くらしている女王って？

「ファミリー(family)」は日本語で「かぞく」のことだね。

53 ビンゴゲーム（びん5）　54 カラオケ（からっぽのおけ）
55 ネイル（よくねむる＝ねいる）

46

60 王は王でもまねがとくいでつばさをもっている王って？

61 赤ちゃんでもいっしゅんで作れるぼうしってなあに？

62 お母さんがおいはらったカラスはなん回ないた？

63 かぞくでジョギング。一番いきが切れているのはだあれ？

64 おひめさま一家がすんでいるてっぺんに9がついているたてものって？

65 「ねえ、ねえ、ねえ」とかまってほしがっているのはだあれ？

◀ こたえは48〜49ページ

✧ 44〜45ページのこたえ　48 さかあがり　49 がっしょう　50 さいほう
51 王さま（クッキング・キング＝王さま）　52 あやとり

なぞをといて おひめさまをたすけて

ふかいねむりについたプリンセスをたすけよう！

66
ひめが きちんとすわって 見上げていたものは なあに？

67
まほうをかけられて ひつじになったのは？ ひがしで見ると まほうがとけるよ！

68
まとまって さいていても まとまっていないと 言われるお花って なあに？

62 3回（かあ3） 63 母（はーはー）
64 きゅうでん（9でん） 65 姉さん（ねえ3）

プリンセス 「森」は「森」でも

73 森は森でも 夜になるときこえてくる ねむりにさそう 森のうたって？

74 森は森でも おすもうさんが食べる 森ってなあに？

75 林に木を1本うえると なんになる？

76 森は森でも さいなんからまもってくれる 森ってなあに？

> ふかい森には、きけんがいっぱい。ひとりで行くのはダメ！

おもしろダジャレ「チョウチョ ちょっと とってちょうだい」

77 森は森でも やねからポタポタおちてくる 森ってなあに?

78 森は森でも おそばやさんでちゅうもんする 森ってなあに?

79 みつりんの まん中でする あそびってなあに?

80 林から葉を ぜんぶとっちゃうと なにがのこる?

81 木は木でも オニをおいはらってくれる 木ってなあに?

◀ こたえは 52 〜 53 ページ

48 〜 49 ページのこたえ　66 せいざ（＝正座）　67 しつじ（ひつじのひをしにする）　68 バラ　69 くろ　70 うでどけい　71 みかん（アルミかん）　72 あせ

85 クリームがのっている とってもあまい木って？

86 カイはカイでも サンタクロースと いっしょにいる カイって？

87 クリスマスブーツの 中にいる3びきの いきものって？

88 クリスマス パーティーの ごちそうで食べる きんってなあに？

89 カンはカンでも パーティーのはじめに 口から出るカンって なあに？

◀ こたえは 54〜55 ページ

50〜51 ページのこたえ　73 こもりうた　74 おおもり　75 森
76 おまもり　77 あまもり　78 もりそば　79 つり（みつりん）

プリンセス
とうぞくから おたからをまもって

90 おしろにしのびこんでパイにすをぬっていたのってだあれ？

91 「り」がばくはつしたようなプリンセスの大切(たいせつ)なものって？

92 グラス3つにすりかえられたものは？

93 こまかくくずとコインにかわってしまう紙(かみ)って？

おしろにはすごいたからものがいっぱいありそうね。

さがして 3つの文字(もじ)がかくれているよ。つなげるとことばになるよ。

88 チキン
89 かんぱい

94 金をぬすんだら「ぎょっー!」とさけんだのはなあに?

95 たからばこの上にいていつもみはっているいきものって?

96 夜、まっくらになった方がよく見えるのってなあに?

97 「あいうえお」の中にこっそりかくされている色はなに色?

98 さか立ちするとスリにへんしんしちゃういきものは?

99 かくしとびらの中にひめがしまっておいたものって?

◀ こたえは 56 ～ 57 ページ

52 ～ 53 ページのこたえ　82 クリスマス　83 せいや　84 サンタ（3た）
85 ケーキ　86 トナカイ　87 りす・ます・ぶた（クリ・ス・マス・ブーツ）

55

◀ こたえは313ページ

54〜55ページのこたえ　**90** スパイ（パイにす）　**91** リボン（りがボシッ）
92 サングラス（3グラス）　**93** おさつ　**94** きんぎょ（金・ぎょっ）

プリンセス すいり

めいさくなぞなぞ

101

みすぼらしいふくをきせられていた女の子がいました。
まじょのまほうで、きれいなドレスすがたに大へんしん！ぶとう会で、王子さまとおどりました。
まほうがとける時間が近づき、いそいでかえった女の子は、ガラスのくつをおとしてしまいました。
王子さまは、ガラスのくつがはける女の子をさがし出し、ふたりはめでたくけっこんしました。

102

おきさきさまは、いつも「世界で一番うつくしいのはだれ？」とまほうのかがみにきき、かがみは「それは、おきさきさまです」とこたえていました。
でもあるとき、「それは○○○○ひめ」とかがみがこたえたから、たいへん！おこったおきさきさまは、おひめさまにどくりんごを食べさせてしまいました。
でも、ほかの国の王子さまがおひめさまをたすけてくれました。

それぞれなんのお話かわかるかな？
左の絵からえらぼう。

ひっかけ10回クイズ
「シャンデリア」と10回言ってみて。
➡ どくりんごを食べたのは？

シンデレラ

にんぎょひめ

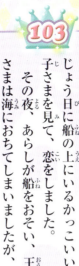

103

海のそこにうつくしいおしろがあり、王さまとうつくしいおひめさまたちがすんでいました。

末のおひめさまは、15さいのたんじょう日に船の上にいるかっこいい王子さまを見て、恋をしました。

その夜、あらしが船をおそい、王子さまは海におちてしまいましたが、おひめさまがたすけます。でも、おひめさまは人間ではないので、恋はかないませんでした。

おやゆびひめ

104

チューリップの花から生まれた小さなおひめさまは、ヒキガエルにゆうかいされてしまいます。

ないているおひめさまをふびんに思ったメダカたちがたすけてくれました。その後、おひめさまは道にたおれているツバメをたすけました。

おひめさまは、お金もちのモグラからけっこんをもうしこまれましたが、前にたすけたツバメのせなかにのり、南の国へにげました。

しらゆきひめ

こたえは313ページ

クイズ　にんぎょはえいごでなんと言う？
1 マーメイド　2 アリエル

おまけクイズのこたえ

38ページ
▶▶▶ そら（やねじゃないよ）

44ページ ▶▶▶ 6こ

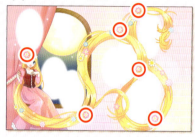

45ページ
▶▶▶ そり（トナカイじゃないよ）

54ページ ▶▶▶ はなび

58ページ
▶▶▶ しらゆきひめ
　　（シンデレラじゃないよ）

59ページ ▶▶▶ 1

24ページ

26ページ ▶▶▶ 2

28ページ
▶▶▶ おしいれ（タンスじゃないよ）

30ページ ▶▶▶ クローゼット

32ページ ▶▶▶ 2ひき

34ページ ▶▶▶ 2

36ページ ▶▶▶ まほうのかがみ

ワクワク
どうぶつ なぞなぞ

どうぶつって、とってもチャーミング☆
体やくらしのとくちょうを
かんさつしてみよう。

「さい」は「さい」でも

110
さいはさいでも
目が21こあるさいって？
おそろい

111
さいはさいでも
パトカーがならす
さいって？
おそろい

おそろいパターン
のなぞなぞだよ。
とけるかな？

クイズ さいの角はなにでできているかな？
1 毛　2 ほね　3 かわ

さいはさいでも
ようふくの大きさを
あらわすさいって?
(おそろい)

113

さいはさいでも
すっごくあたまの
よい人はどんなさい?
(おそろい)

◀ こたえは 69 ページ

64〜65ページのこたえ　105 くま（くるま）　106 ポニーテール
（しっぽはえいごでテール）　107 うま（うまっ！）　108 ぼうし　109 ぞう

116 かくれんぼ
イギリスでよく見かける小さなどうぶつといえば？

117 ダジャレ
いるのに「いない」って言われるどうぶつは？

118 ダジャレ（えいご）
きゅうに出会うと「キャッ」っと言ってしまうどうぶつは？

◀ こたえは 71 ページ

66〜67ページのこたえ　110 サイコロ　111 サイレン　112 サイズ
113 てんさい（天才）

すいぞくかんに行こう
どうぶつ

119
サメはサメでも こばんがすきな サメって？
おそろい

120
1ばんから10ばんのうち タコがすきなのは なんばん？
ダジャレ

すいそうのそばの かいせつは、おも しろいからよんで みて。

クイズ サメの歯はなん回も生えかわるって、ほんとう？
1 うそ　2 ほんとう

121

せおよぎをしながら
むねの上(うえ)でりょうりする
いきものってなーんだ？

ようす

122

くらがりがすきそうな
いきものは？

おそろい

◀ こたえは 73 ページ

68〜69 ページのこたえ　　114 ハムスター（星(ほし)＝スター）　115 ひなた（ひな多(た)）
116 りす（イギリス）　117 犬(いぬ)（いない＝居(い)ぬ）　118 ネコ（キャッと）

125 ダジャレ
お正月に
なると空をとぶ
海のいきものって
なあに？

126 おそろい
カメはカメでも
手足もこうらもない
海にいるカメって？

127 数字
イワが4つある
ところをおよぐ
さかなといえば？

◀ こたえは 75 ページ

70〜71ページのこたえ　119 コバンザメ　120 9ばん（きゅうばん）
121 ラッコ　122 クラゲ

わくわく♪ジャングルたんけん

どうぶつ

128
ジャングルを
ちょうさしている人(ひと)が
しらべていた
いきものって？

ダジャレ

129
たいようをすっぽり
かくしてしまうほど
大(おお)きい森(もり)って？

おそろい

ジャングルにはどんないきものがいるのかな。

早口(はやくち)で3回(かい)言ってみて。
→ 8ひきのさるが8つのリンゴを食べた

130
わしとわに。
「わ」をたくさん
もっているのはどっち？
数字

131
足のすねに
まきついてくる
いきものって？
おそろい（えいご）

◀こたえは77ページ

72〜73ページのこたえ　　123 カツオ（かつお）　124 10本（イカの足は10本）
125 たこ（凧）　126 わかめ　127 イワシ（イワ4）

134 ダジャレ
しんぶんやざっしによく出てくる鳥といえば？

135 ダジャレ
すべってばかりいる鳥は？

136 数字
1わしかいないのに2わいるって言われる鳥ってなあに？

◀ こたえは79ページ

74〜75ページのこたえ　128 チョウ（ちょうさ）　129 くもり
130 ワシ（ワ2＜ワ4）　131 へび（＝スネーク）

へんないきものな～んだ？

どうぶつ

137
ダジャレ

「ミミズを食べちゃうよ」と言っているへんないきものって？

138
おそろい

マントをつけてぶきみにわらっているへんないきものって？

めずらしいけど、ずかんで見たことがありそう。

おもしろ回文　上からよんでも下からよんでもおなじ！
→ 夜 セミ見せるよ（ヨルセミミセルヨ）

78

139

チョウはチョウでも
もうスピードでじめんを
走るチョウって？

おそろい

140

「エサが足らん」
とおこっている
へんないきものって？

おそろい

◀こたえは83ページ

76〜77ページのこたえ　132 カラス（からっぽ＋す）　133 2わ（なかにわ）
134 キジ（記事）　135 つる（すべる＝ツルツル）　136 にわとり

 このどうぶつはなーんだ？

 この鳥はなーんだ？

 このどうぶつはなーんだ？

絵や文字のもんだいだよ。なにをあらわしているかな？

 「カブト」って10回言ってみて。
→はさみをもっている虫は？

145 「?」に入るどうぶつはなーんだ？

ヒント 右からどうぶつを見てみよう。

146 このどうぶつはなーんだ？

147 「?」に入るどうぶつはなーんだ？

○▲□ ＝ リンゴ
□○☆ ＝ ゴリラ　　△○▲ ＝ ？
◎ － △ ＝ ケーキ

◀ こたえは313〜314ページ

78〜79ページのこたえ　　137 ミミズク（ミミズ食う）　138 マントヒヒ
139 ダチョウ　140 タランチュラ（定らん）

151 レインコートの中にこっそりかくれているいきものは？

152 ワシはワシでもさかなやさんにいるワシって？

153 じんじゃの入り口でじっとまっている鳥といえば？

154 マジシャンがみんなに見せつける鳥ってなあに？

155 ハトがぼうをのみこんだらなにになる？

◀ こたえは 86 〜 87 ページ

おもしろ回文　上からよんでも下からよんでもおなじ！
→ にわとりと小鳥とワニ（ニワトリトコトリトワニ）

どうぶつのなぞなぞ

156
ぞうはぞうでも
すきな人のまえでドキドキする
ぞうってなあに？

157
なくさないように
なんでもかんでも
しまうどうぶつは？

158
どうぶつはかせが
けんきゅうしている犬は
なんとう？

159
トラはトラでも
三角のかたちをした
音がなるトラって？

どうぶつのなぞなぞは、まだまだあるよ。どんどんとこう！

154 トリック
155 ハート（棒＝ー）

さがして このひょう を みつけて。

160 王さまにがぶりとかみついたどうぶつは？

161 血をながしていたがっているどうぶつはなあに？

162 本のひょうしに4とうかくれているどうぶつって？

163 シカのあたまにカモ。これなんのどうぶつ？

164 ねているときだけあらわれるぞうって？

165 さか立ちするとバカになっちゃうどうぶつはなあに？

こたえは88〜89ページ

84〜85ページのこたえ　**148** たわし　**149** タカ（たかい）　**150** 2わ（ツルツル）　**151** インコ（レインコート）　**152** イウシ　**153** とりい

どうぶつ 小さな虫ワールド

166 くじはくじでも雨の日に出てきてヌメヌメしているくじって?

167 キツネとネズミがないたら出てきたいきものは?

168 ぼうしにくっついてなく虫ってなあに?

虫はじっくりかんさつすると、おもしろいね。

161 イタチ、またはチーター（いたい・血）
162 ひょう（ひょう4）　163 カモシカ　164 ねぞう　165 かば

88

170 矢を5本もっているトンボのようちゅうといえば？

169 カメをさけてくらしている虫ってなあに？

171 あかしんごうをわたる虫ってどんな虫？

172 いつもケラケラわらっている虫って？

173 からにとじこもってそとに出てこない虫って？

こたえは 90 〜 91 ページ

86 〜 87 ページのこたえ　　156 しんぞう　　157 しまうま（しまう）
158 9とう（犬・9）　159 トライアングル　160 オオカミ（王・かみついた）

かわいい ペットなぞなぞ

どうぶつ

174 おしばいをするのが とくいな犬って?

175 とてもあついのに ブルブルふるえていそうな 犬ってなあに?

176 いつもコーラを せなかにのせている いきものは?

177 小さいわっかを 2つもっている 犬の名前は?

犬、ネコ、うさぎ…。ペットは大切なかぞくだよ。

170 ヤゴ(矢5) 171 しんごうむし 172 オケラ
173 でんでんむし(出てこない→出ん)

90

178 カンを9こもっている鳥のなまえは？

179 クワやノコギリをもっているつよそうな虫ってなあに？

180 まあるいチーズみたいななまえの犬って？

181 おさんぽに出かけてもすぐにあきちゃいそうな犬のなまえは？

182 なんでもすぐに見つけてしまうネコは？

183 夜、ねずにはりでぬいものをしているいきものってなあに？

◀ こたえは 92〜93 ページ

✨ 88〜89ページのこたえ ✨　166 ナメクジ　167 こんちゅう（キツネがなく＝コン・ねずみがなく＝チュー）　168 つくつくぼうし　169 カメムシ（かめ・さける＝無視）

91

187 だれかがとおるときは すぐにみちをゆずる ヘビってなあに?

188 どんなものでも だいじにしている ヘビって?

189 昼間はさかさまでねむり 夜になるとうごきだす 鳥ではないのにとべる くろーいいきものって?

190 ハリセンをもって 海でおよいでいる いきものって?

191 雨の日にあらわれて ぬれないように まもってくれる ようかいってなーんだ?

◀ こたえは 94〜95 ページ

90〜91 ページのこたえ　174 しば犬（しばいぬ）　175 ブルドッグ　176 かめ（こうら）　177 チワワ（小・輪輪）　178 キュウカンチョウ（9カン鳥）

93

どうぶつ 水中のいきものなぞなぞ

192
「じみ、じみ、じみ、じみ」。
このいきもの
名前は？

193
たいじゅうけいに
タイは
なんびきのっている？

194
とかいでくらしている
海のいきものは？

195
なにかあると
すぐお知らせしてくれる
海のいきものって？

水中や水辺はいきものとなぞなぞのほうこだね☆

190 ハリセンボン
191 カッパ

さがして　パンダの形をしたあわがかくれているよ。どこにあるかな？

196 町は町でも海の中をいどうする町ってなあに？

197 カイはカイでもまほうをかけることができちゃうカイってなあに？

198 水中でカサをさしておよいでいるのはなあに？

199 池の中からこっちへおいでとよんでいるさかなは？

200 たまてばこの中身をぜんぶとっちゃうとなにがあらわれる？

201 田んぼの西の方にいるいきものは？

◀ こたえは 96 〜 97 ページ

92〜93ページのこたえ　184 サンリ　185 ケムシ（けむっ）　186 ゴキブリ
187 どくへび（どいてくれる）　188 だいじゃ（大事や！）　189 コウモリ

95

◀ こたえは314ページ

94〜95ページのこたえ　192 しじみ（4じみ）　193 10ぴき（タイ・10）
194 かい（とかい）　195 しらす（知らす）　196 まち　197 まほうつかい

どうぶつすいり

このどうぶつなーんだ？

203
1. ねむるときは、かたあしで立つよ
2. 足と首がとってもながい
3. 大きなくちばしでエビを食べるよ

204
1. ねこのなかまだよ
2. 足がとってもはやい！
3. アフリカたいりくにせいそくしているよ

205
1. ひづめが2つにわかれているよ
2. 角がある
3. 耳は赤ちゃんのときはたれているけど、せいちょうすると立ってくるよ

206
1. むれてくらすのがすき
2. 角がある
3. ちぢれた毛をもつ

どうぶつのとくちょうを言っているよ。あてはまるどうぶつを下の絵からえらんでね。

フラミンゴ / ヤギ / カピバラ / ヒツジ / プレーリードッグ

208
1. およぐのがとくい！
2. ペットとしても人気もの
3. アマゾン川の水辺にせいそくする

207

1. しっぽをつえのようについて歩いたり、走ったりする
2. オーストラリアやタスマニア島などにせいそくする
3. おなかのふくろに赤ちゃんを入れてそだてているよ

209
1. むれてくらしているよ
2. オスにはタテガミがある
3. ひゃくじゅうの王とよばれる

210
1. ラクダのなかま
2. ペルーなど3500〜5000mの高原にせいそくする
3. ふわふわした毛をもつ

211
1. 犬のなかまではなく、リスのなかま
2. あなをほってくらしている
3. イネ科の牧草を食べる

アルパカ / チーター / ライオン / カンガルー

◀ こたえは314ページ

おまけクイズのこたえ

82ページ
▶▶▶ クワガタムシ
（カブトムシじゃないよ）

84ページ

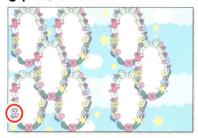

86ページ

94ページ

64ページ ▶▶▶ チンパンジー

65ページ
▶▶▶ ゾウ（きりんじゃないよ）

66ページ ▶▶▶ 1

68ページ

70ページ ▶▶▶ 2

72ページ ▶▶▶ 1

76ページ ▶▶▶ とり

100

3 ピカピカ おしごと なぞなぞ

あなたのしょうらいのゆめは？
びようし、デザイナー、アイドルなど、
いろ～んなおしごとをのぞいてみよう。

213
かみをかわかすとき「イヤー」と言うのはなあに?

214
シャンプーのさいちゅうなにも言わず立ってしまったよ。どうして?

215
しんまいのびょうしさんがすきなのはお米とパンどっち?

216
びょうしさんとマンガ家さんたくさんちょきんしているのはどっち?

◀こたえは107ページ

2つにわけ、高いいちでまとめてたらす。このかみがたは?
1 ツインテール　2 ポニーテール

おしごと
おしゃれなファッションデザイナー

217
ウスはウスでも女の子がきるかわいいウスって？
（おそろい）

218
スカッとした気分になれる女の子のふくって？
（おそろい）

ようふくやバッグ、くつをデザインするのって、たのしそう。

早口ことば　早口で3回言ってみて！
→ ふうふふたりで　古いふく　きた

219

ワンちゃんが
ピースサインしながら
きていたふくは?

（ダジャレ）

220

たくさんぬったのに
色（いろ）はかわらず
かたちがかわったよ。
どうして?

（ひっかけ）

◀ こたえは109ページ

✦ 104〜105ページのこたえ　　212 くし　　213 ドライヤー　　214 あわがたった
215 お米（こめ）（新米（しんまい））　216 びようしさん（ちょっきんと切（き）る）

223
ダジャレ
こごえそうに
さむい日のうた声は
どんな声?

224
おそろい
糸は糸でも
ステージをキラキラ
明るくする
糸ってなあに?

225
おそろい
テレビと
ざっしのしゅざい
アイドルがはずかしそうに
していたのはどっち?

◀ こたえは111ページ

106〜107ページのこたえ　　217 ブラウス　218 スカート　219 ワンピース
220 糸でぬった

お天気キャスターの天気よほう

226
空からおちる「5656」ってなんのこと?
数字

227
鳥は鳥でもカサをわすれた人がする鳥って?
おそうい

朝、天気よほうをチェックしてる?今日ははれかな。

ひっかけ10回クイズ
「あさ」って10回言ってみて。
→雨の日にきるものは?

228 森でカサをさしていたのに雨でぬれちゃったのはなあに？（ようす）

229 よわい雨がふっているとあらわれるサメって？（おそろい）

◀ こたえは113ページ

108〜109ページのこたえ　221 かし（か4）　222 しきし（しき4）
223 小声（こごえそう）　224 ライト　225 テレビ（はずかしそう＝てれる）

みんなを元気に☆ ナースのおしごと

230
チェンジ
ナスのまん中に
ぼうをさすと
なにへんしんする？

231
おそろい
ちゅうしゃは
ちゅうしゃでも
かみをかざる
ちゅうしゃって？

> ちゅうしゃはにがてだけど、ナースさんのおかげでがんばれる。

おもしろダジャレ　「ナースがなすを食べナース」

112

234
ダジャレ

ぐあいがわるいのに
もらうとつい
わらってしまうものって？

233
チェンジ

血まめから
血を
すいとっちゃうと
なにが出てくる？

232
ダジャレ

はいしゃさんと
おまわりさん、
しかいが上手なのは
どっち？

◀ こたえは115ページ

110〜111ページのこたえ　　226 カミナリ（5656＝ゴロゴロ）　　227 あまやどり
228 きのこ　229 こさめ

学校の先生はせいとのあこがれ

235

きょうしつには先生がなん人いる？

数字（えいご）

236

学校でいつもぜっこうちょうなのってだれ？

おそろい

先生はえいごで「ティーチャー(teacher)」と言うよ。

早口で3回言ってみて！
➡ 生麦 生米 生たまご

237 先生がじゅぎょう中にくばった10このプリンって？ 数字

238 先生がちゅういしてもおしゃべりをするのはなんさい？ おそろい

◀ こたえは117ページ

112〜113ページのこたえ　230 ナース（棒＝ー）　231 カチューシャ
232 はいしゃさん（歯科医）　233 まめ　234 クスリ（わらう＝クスッ）

おしごと
おいしさおとどけ♥ パティシエ

239 ダジャレ
バスの中で食べたくなっちゃうケーキってなんだ?

240 おそろい
絵をほしがっているスイーツってなあに?

241 かくれんぼ
シュークリームの中に入っているものってなあに?

あこがれのおしごとだよ。おいしいケーキを作りたいな♥

さがして　あわだてきが2つ。どこにあるかな?

きもちもはいたつ ゆうびんやさん

244 ひっかけ

切ってないと
とどかないものって？

245 かくれんぼ

ゆうびんきょくの中に
いつもあるものは？

ゆうびんきょくは
日本に2万4千か
所もあるんだって！

ひっかけ10回クイズ
「ポット」って10回言ってみて。
➡手紙を入れるのは、なーんだ？

246 チェンジ
ゆうびんやさんが
はいたつする
「たちつみと」って？

247 ようす
まっかな体。
かたほうの足で
町中あちこちに
立っているものって？

◀ こたえは121ページ

116〜117ページのこたえ　239 バースデーケーキ（バスでケーキ）　240 エクレア
（絵、くれ）　241 クリ（シュークリーム）　242 しょくご　243 かししょくにん

◀ こたえは314ページ

118〜119ページのこたえ　244 ゆうびん（切手ない）
245 びん（ゆうびんきょく）　246 手紙（てがみになっている）　247 ポスト

ひらめきなぞなぞ おしごとドリル

249 これを作るおしごとはなーんだ？

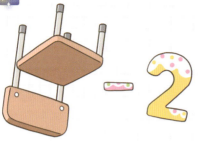

250 どんなおしごとかな？

251 なかまはずれは、どれ？

カメラテスト　さつえい　ダンス　リハーサル　ぶたい

絵や文字のもんだいだよ。なにをあらわしているかな？

ことばならべかえ　かけさんいつ
【ヒント】あんぜんをまもるしごとだよ。

252 どんなおしごとかな？

253

□にことばを入れて、1から4の数字に入る文字をつなげてよもう。

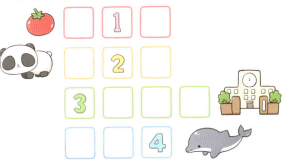

254 「ある」にきょうつうすることばは、なーんだ？

ある	なし
ピアノ	ハーモニカ
こと	たいこ
バイオリン	フルート
オルガン	もっきん

◀こたえは314～315ページ

クイズ　ひこうきの中でかいてきにすごせるようにしてくれる人をなんと言う？
1 キャビンアテンダント　　2 グランドスタッフ

259 家の中でいつもふねがあるばしょってどこ?

260 へやの中でいつもにおいをかいでいるものって?

261 あついところにおくとすぐにとけてしまうイスって?

262 家の中でワシが2わいるへやってどこ?

263 リビングのまん中におちていたものはなあに?

◀こたえは126～127ページ

134～135ページのこたえ　301 パイロット　302 ジェット機（ジェットき）
303 エイがかんとくだから　304 ノーベル賞（しょう）　305 研究者（けん9）　306 ホテル

おしごと
大かつやくスポーツせんしゅ

264 おじいちゃんとボールであそぶスポーツって？

265 田んぼにいそうなスポーツせんしゅって？

266 大会にまぎれこんじゃった3しゅるいの海のいきものは？

267 ミントのかおりがしそうなスポーツせんしゅって？

スポーツがとくいって、カッコいい。ぼくはテニスがすきだよ。

260 家具（かぐ）　261 アイス　262 和室（ワシツ2）
263 びん（リビング）

268 手になーんにももたずにするスポーツってなーんだ?

269 矢を9本もっているスポーツせんしゅって?

270 しあい中にチェリーをはっけんしたスポーツせんしゅは?

271 レーサーがすきな数字っていくつ?

272 オリンピックせんしゅがゆうしょうするためにするれんしゅうは?

273 サッカーは2つ、マラソンは1つ、テニスは0。これ、なーんだ?

◀ こたえは128〜129ページ

124〜125ページのこたえ　255 9つ（9くつ）　256 ダンボール
257 クローゼット　258 ゆかい（ゆかいた）　259 おふろ（ゆぶねがある）

127

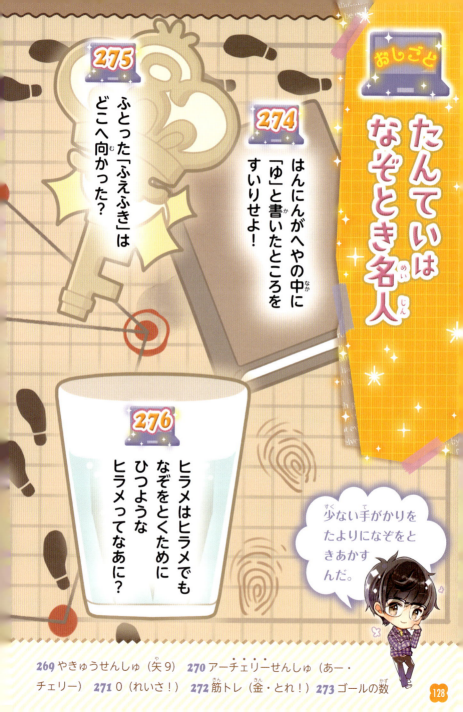

277 いっしゅんでものを大きくしてしまうめいたんていがもっている虫って?

278 めいたんていがすいりするためにカバンに入れているものとは?

279 お客さんがひとりものっていないバス。よく見るとだれかがのってるぞ。それはだれ?

280 けいじが3じならはんにんはなんじ?文字をよくかんさつしてなぞをとけ!

281 めいたんていがときあかした「火、火、火」ってなに?

おしごと ドクターのしんさつ室

282 6回「コツ」っと音がなったのは体のどこかな?

283 おいしゃさんが言った「ふくが2まい」ってなんのびょうき?

284 タイはタイでもびょういんでぐるぐるまかれるタイってなあに?

285 びょういんは大こんざつ。びょうきにかかっている人はなん人だ?

びょうきやケガをなおしてくれるおいしゃさんってすごいね!

278 す（すいり）　279 運転手さん
280 4じ（はんにんは4文字）　281 ひみつ（火3つ）

130

286
びょういんで
カンをごしごし
あらっているのはだあれ？

287
てきはてきでも
びょういんで毎日見かけ
てきってなあに？

288
しんさつ室に
おちていたのは
なあに？

289
ゴホゴホせきをしている
かんじゃさんは
なんぽ歩いた？

290
びょういんの中で
かんじゃさんがたくさんいる
「町」ってどこ？

291
はいしゃさんで
見かけるどうぶつって
なあに？

◀ こたえは132〜133ページ

✦ 128〜129ページのこたえ **274** ゆかいた（ゆ・書いた）
275 えき（ふ・とった＝ふをとる）　**276** ひらめき　**277** むしめがね

カッコイイ★うちゅうひこうし

293 いせいはいせいでも うちゅうをぐるぐる 回っている いせいって?

292 うちゅうひこうしの うしろにいつも くっついている どうぶつって?

294 うちゅうひこうしが 明日かえるのは どこかな?

295 星は星でも とてもすっぱい 星ってなあに?

うちゅうから見た 地球ってキレイだ よね。

水色の星は いくつあるかな?

(しんさつ室) 289 10ぽ(5ほ+5ほ)
290 まちあい室 291 しか(歯科)

297 水星、金星、木星の中で一番くさいのはどの星?

296 夜空に見えるととてもラッキーなものってなあに?

298 たくさんある星の中で一番って言われる星はなあに?

299 スターはスターでもヒーローにやっつけられるスターって?

300 地球と月にはあるのにたいようにはないものってなあに?

◀ こたえは134〜135ページ

130〜131ページのこたえ　　282 ろっこつ（6コツ）　　283 ふくつう（ふく2）
284 ほうたい　285 びょうにん　286 かんごし　287 てんてき　288 新札

せかいでかつやくしよう！ おしごと

301 パイはパイでも ひこうきを そうじゅうしちゃう パイってなあに？

302 トキはトキでも 世界中をこうそくで とびまわるトキって？

303 ししゃかいでエイが あいさつしているよ。 なーんでだ？

304 いだいなことを なしとげた人だけが もらえる とってもかちのある ベルって？

えいごをべんきょうして、いろいろな国に行ってみたいな。

296 月（ツキがある）　297 木星（もくせー）　298 一番星
299 モンスター　300 き（ちきゅう・つき・たいよう）

305 けんが9本。これってどんなしょくぎょう？

306 りょこうで行く顔や体があつくなってくるところって？

307 海外にべんきょうに行く人について行くそうぞう上のどうぶつって？

308 イカはイカでもまだこの世にないあたらしいものを作るイカってなあに？

309 チョウを1000びきもかっている人のしょくぎょうは？

310 やくしゃでもないのにいつも2つのやくをもっているのはだあれ？

◀ こたえは124〜125ページ

132〜133ページのこたえ　292 うし、またはこうし（うちゅうひこうし）
293 彗星（すいせい）　294 地球（明日＝アース＝地球）　295 うめぼし

135

おしごと さがしえ

ほいくえんは きょうもにぎやか

312
星がらのふくをきた男の子は、どこかな？

311
つみ木であそんでいる女の子は、どこかな？

左の絵をよく見て **311 ～ 315** のもんだいにこたえよう。

315
ヨットのおもちゃはどこかな？

314
赤いミニカーは、どこかな？

313
サッカーボールの一番近くにいる子は、どこかな？

こたえは315ページ

3 おまけクイズのこたえ

122ページ ▶▶▶ けいさつかん

123ページ ▶▶▶ 1

132ページ ▶▶▶ 6こ

104ページ
▶▶▶ シャンプー
（せっけんじゃないよ）

105ページ ▶▶▶ 1

108ページ ▶▶▶ ダンス

110ページ
▶▶▶ レインコート（かさじゃないよ）

116ページ

118ページ
▶▶▶ ふうとう（ポストじゃないよ）

> おまけもんだいだよ。
> 134〜135ページにはこっきがたくさんあるね。つぎの3つの国のこっきはわかるかな？
> ①日本　②フィンランド
> ③ドイツ

319 さかさま
さかさにすると食べられなくなってしまうやさいって？

320 数字
玉を5こやいて作るおかずってなあに？

318 おそろい
パンはパンでも食べずにりょうりにつかうパンってなあに？

◀ こたえは145ページ

おもしろ回文
上からよんでも下からよんでもおなじ！
➡ イカ食べたかい？（イカタベタカイ）

キッチン

キッチンようひん これ、なーんだ？

321

チョウはチョウでも やさいを 切り(き)りきざんでしまう チョウって？

おそろい

322

キッチンにある ぞうがかくれている はこってなーんだ？

おそろい

どれもりょうりに ひつようなものだ ね。うちにもある よ！

ひっかけ 10回クイズ

「スプーン」って10回言(かい)ってみて。
➡ スパゲティを食べるのは？

323
パンを
やくときにつかう
10この星って？
数字（えいご）

324
すいはんきの近くにある
「文字」ってなあに？
おそろい

◀ こたえは147ページ

142〜143ページのこたえ　　316 きゅうり（9り）　317 6こ（コロッケ＝6）
318 フライパン　319 なす（砂）　320 たまごやき（たま5）

329
数字
黄色くて
あまーい
「7」って
なあに?

328
ダジャレ
パパが
とっても
いやがって
いる
フルーツって
なあに?

327
ダジャレ
食べものなのに
ふったり
うったり
するものって
なあに?

◀ こたえは149ページ

144〜145ページのこたえ　321 ほうちょう　322 れいぞうこ
323 トースター（10・スター＝星）　324 しゃもじ

「パン」は「パン」でも

330
パンはパンでも
耳(みみ)があるパンは?
おそろい

331
パンはパンでも
どうぶつ園(えん)にいる
かわいいパンは?
おそろい

パンは8000〜6000年(ねん)もまえから作(つく)られているんだって。

クイズ ドーナツの「ドー」ってなんのこと?
1 くうどう　2 生地

332 パンはパンでもティンカーベルとぼうけんするパンって？ おそろい

333 せっかくやいたのにみんなにむしされちゃうパンって？ おそろい

◀ こたえは151ページ

146〜147ページのこたえ　325 ゆびわ　326 ぶどう（武道だから）
327 フルーツ（振る・打つ）　328 パパイヤ　329 バナナ

おべんとうを作ろう！

339
おそろい

だれでも「おいしい！」と言ってしまうおにぎりの具って？

340
ダジャレ

おちゃを半分にすると出てくる食べものって？

おべんとうのおかずは、なにがいちばんすきかな？

338 ソフトクリーム （おじいちゃん＝祖父）

152

341

1本だったのに
おべんとうを
食べおわったら
2本になったのはなに？
（ようす）

342

1こでも
6こって言われる
えいようまんてんの
やさいは？
（数字）

◀ こたえは155ページ

150〜151ページのこたえ　334 クレープ（くれー）
335 ホットケーキ（ほっとけ）　336 1時（1じ・食）　337 ソーダ（そうだ！）

キッチン

おかしの家にすみたいな

343
ふわっふわで
ぼうがさしてある
あめって
なーんだ？
（ようす）

344
日本だけの
パンって
なあに？
（おそろい（えいご））

おかしの家といえば『ヘンゼルとグレーテル』がゆうめいね。

さがして　カステラはどこにあるかな？

キッチン
つるつるおいしいめんるい

348
よーく見ると「そら」が見えてくれるラーメンって？

かくれんぼ

349
いつも近くにあるめんって？

言いかえ

ラーメン、ソーメン、ぼく…なぞメン！

347 ッ（クッキー・ビスケット・カステラ）

350 ゆうれいが大すきなめんって？ ダジャレ

351 おまつりで売っているあたまにつけられるめんって？ おそろい

◀ こたえは159ページ

154〜155ページのこたえ　343 わたあめ　344 ジャパン（日本＝ジャパン）
345 チョコ（ちょこっと）　346 ニラ（バニラアイス）

キッチン まちがいさがし

お正月のおせちりょうり

352

上と下の絵でまちがいが6つ。わかるかな？

【まめちしき】おせちには意味があるよ。女の子が食べようとしている「伊達巻き」は、巻物（むかしの書物）に形がにていることから、「べんきょうができるように」という願いがこめられているよ。

◀ こたえは315ページ

156～157ページのこたえ　　348 みそラーメン　　349 そば（=近く）
350 れいめん　351 おめん

ひらめきなぞなぞ キッチンドリル

353 このちょうみりょうは、なーんだ？

354 これ、なーんだ？

355 この食べもの、なーんだ？

絵や文字のもんだいだよ。なにをあらわしているかな？

クイズ すしやでお茶のことを「あがり」と言うのは、ほんとう？
1 うそ　2 ほんとう

356 どのことばにも、きょうつうするのはなに？

おくらいり　　そうり

バニラアイス　　かぶと

ビーナス　　ねぎらう

357 1つだけかんけいないものがあるよ。どれかな？

358 「ある」にきょうつうすることばは、なーんだ？

ある	なし
ちゃわん	さら
パン	うどん
だんご	ゼリー
あぶら	バター

◀ こたえは316ページ

おもしろダジャレ 「プリンはえいようたっぷりん」

363 ぼうが5本。これなんのやさい？

364 うっかりもやしてしまいそうになるやさいってなあに？

365 ぜんしんオレンジ色で畑にいるのはなにじん？

366 サイはサイでも畑にいる白いサイってなあに？

◀ こたえは164〜165ページ

クイズ 日本生まれのケーキはどっち？
1 ショートケーキ　2 マカロン

なぞなぞキッチン

367「す」と「あいじょう」をまぜるとできるものって？

368 かたくりこの中に入っている秋のみかくってなーんだ？

369 すずの音がするちょうみりょうといったら？

370 和食にかかせない「そそそ」ってなに？

ピンク色のかわいいキッチン。あこがれちゃう♥

365 ニンジン　366 はくさい（白菜）

371
ネクタイを半分に切ると出てくるさかなって？

372
ウナギにくしを一本さしたら大へんしん！なにになった？

373
ママが「ふふっ」と10回もわらいながら切ったものは？

374
きかいにかけたらこわれちゃったよ。なにをかけたの？

375
ペンを半分にするとあらわれる食べものは？

376
キツネが食べるとないたり、おならをしちゃうものって？

◀ こたえは166〜167ページ

162〜163ページのこたえ　　359 くさい（はくさいのはをとる）　360 らっかせい
361 サラダ　362 グリンピース　363 ごぼう（5棒）　364 もやし（燃やし）

389 レンジはレンジでも ごくごくのめる レンジってなあに？

390 アイスにはできて ジュースには できないことって？

391 じんじゃで よくのむ のみものってなあに？

392 コップの下に 見られる星って なあに？

393 女の子が ミルクをのみながら 見ていた数字って？

394 「たん、たん、たん」って 音がするのみものって？

◀ こたえは170〜171ページ

166〜167ページのこたえ　377 カステラ　378 ドーナツ　379 はちみつ
（8・3つ）　380 バイキング　381 スコーン　382 あんみつ（あん3つ）

169

キッチン

大すきかいてんずし♪

395 あまえんぼうなおすしはなあに？

396 お姉さんと妹食べたおすしはなんさら？

397 えいごで「いくら?」とたずねてくるおすしのネタは？

398 おすしやさんにあるこうきゅうなアワってなあに？

かいてんずしは、1958年の大阪うまれって知ってた？

391 ジンジャエール　392 コースター（星＝スター）
393 9（ミルク＝見る9）　394 炭酸（たん3）水

400 「立て」とめいれいしてくるカイってなあに?

399 食べおわってお会計するときに出てくるおすしのネタは?

401 サビはサビでも食べるととってもからいサビって?

402 おすしのネタになるトゲトゲボールの「うう」ってなあに?

◀ こたえは172〜173ページ

168〜169ページのこたえ　385 サイダー　386 煎茶（1000茶）　387 スムージー
（すむ・じい）　388 カフェオレ　389 オレンジジュース　390 とけること

171

キッチン
なぞなぞレストラン

403 ファミリーレストランで見るあたらしいものってなあに？

404 りょうりをちゅうもんするときに出てくるどうぶつは？

405 ポタポタとこぼしちゃいそうな食べものってなあに？

406 1つちゅうもんしても半分しか出てこない肉りょうりってなあに？

外食でなにをちゅうもんする？　わたしはドリアが多いかな。

400 ホタテ　401 わさび　402 うに（う2）

172

407 イスはイスでも
おかずといっしょに食べる
イスって？

408 ひざにまるを書くと
あらわれる食べもの
といえば？

409 さらをわたしたら
さかなりょうりが
出てきたよ。
なんのさかな？

410 パイはパイでも
しおがたくさん入った
パイはどんなパイ？

411 あつあつのてっぱんに
ソースをかけたとき
きこえてくる数字は
いくつ？

412 メニューにのっている
すてきな食べものって
なあに？

◀ こたえは174〜175ページ

170〜171ページのこたえ　395 あまエビ　396 4枚（姉妹だから）
397 はまち（How much?＝ハゥマッチ？）　398 アワビ　399 いくら？

173

キッチン すいり

世界のりょうりをいただきます!

413
こむぎこと水をねって作ったかわで、肉などのたねをつつんでむすわ。口に入れると、肉のうまみが広がるの♪

414
肉や玉ねぎ、にんじんをいためてカレールーをくわえて煮るのが日本式。本場ではごはんのほか、ナンなどを合わせるよ。

415
こむぎこと水をねって作ったきじをうすーくのばしたら、上に具をのせてかまでやくんだ。とろーりチーズがたまらない。

416
ひき肉といためた玉ねぎなどをこねて丸めたら、てっぱんやフライパンでやくよ。中にチーズが入っているのもおいしいわ。

なんのりょうりをせつめいをしているかな？ 左の絵からえらんでね。

408 ピザ　409 サワラ（さらにわをたす）　410 しょっぱい
411 10（ジュー）　412 ステーキ

ピザ（イタリア）

シューマイ（中国）

カレー（インド）

ハンバーグ（ドイツ）

◀ こたえは316ページ

172〜173ページのこたえ　　403 メニュー（新しい＝NEW）
404 ネズミ（チューもん）　405 ポタージュ　406 ハンバーグ　407 ライス

4 おまけクイズのこたえ

154ページ

160ページ ▶▶▶ 2

162ページ ▶▶▶ アスパラガス

163ページ ▶▶▶ 1

142ページ

144ページ
▶▶▶ 人間、または人
（フォークじゃないよ）

146ページ ▶▶▶ 2

148ページ ▶▶▶ 2

150ページ ▶▶▶ マカロン

おまけのもんだい！

タコさんウインナーはどこでしょう。142〜175ページの中にあるよ。

さすが火上！先生かんどうした
きょうはなぞなぞとっくんだ！

しぜんのとっておきもんだいをだしてやる！

むしむししている

虫が2ひきあつまってくるのはどんな天気？

きりはきりでもおどろいたときに出るきりって？

どっきり

畑にある葉っぱをぜんぶとったらなにがのこる？

たけ

男同士のなぞなぞとっくんは日がくれるまでつづきます

419 ようす
小さなすずを なんこもつけた 白くてかわいい花って なーんだ？

420 ダジャレ
だれかが やってくるのを じっとまっている 木といえば？

421 ダジャレ
シャツのまん中に さく花ってなーんだ？

◀ こたえは183ページ

ひっかけ10回クイズ
「シーサー」って10回言ってみて。
➡ 公園で前やうしろにうごくゆうぐは？

しぜんはきもちいいね

422
かくれんぼ
アウトドアで かならず会う どうぶつってなあに？

423
チェンジ
みずうみの水を ぜんぶぬくと なにがあらわれる？

道ばたのざっそうの小さなお花もかわいいよ。

クイズ　たいようがのぼるのはどっちの方角？
1 西　2 東　3 北　4 南

424

おもさはかわらないのに夕方（ゆうがた）になるとどんどんしずんでしまうものって？

ようす

425

しぜんの中（なか）をのんびりとさんぽしたよ。歩（ある）いたのはなんぽ？

ダジャレ

◀ こたえは185ページ

180〜181ページのこたえ　417 きく（かきくけこ）　418 しゃしんをとった
419 すずらん　420 松（まつ）（＝待（ま）つ）　421 ボタン

428 ようす
一番上に上るとすべっちゃうものって？

429 言いかえ
子どもたちがあそんでいるとうめいな板って？

430 ダジャレ
公園のすな場でしゃべっているのはだれ？

こたえは187ページ

182〜183ページのこたえ
422 とど（会う・とど）
423 うみ（＝みずうみ－みず）
424 たいよう
425 3歩（さんぽ）

185

なぞなぞの「森」

431
かくれんぼ

森でかくれんぼ。
ぼくは東西南北のどこに
かくれているかな？

432
ダジャレ

森をたんけんするときに
もっていくどうぐは？

森の空気はおいしいよ。大きくしんこきゅうしよう！

クイズ：日本でいちばん高い山は？
1 やりがたけ　2 ふじさん

433 かぶはかぶでも、木を切りたおすと出てくるかぶって？

434 クリはクリでも、しげみからとつぜんヘビがあらわれたときのクリってなぁに？

◀ こたえは189ページ

184〜185ページのこたえ　426 陽　427 ブランコ　428 すべり台
429 スケボー（とうめい＝すける）　430 シャベル

しぜん
わくわく虫さがし

435 〔チェンジ〕
カブトムシを虫とりあみでとったらあみの中に入っていたものってなあに？

436 〔ようす〕
トンボはトンボでも、はねが2まい、足が1本のトンボって？

わたしは"本の虫"…なんてね。虫だけにムシできないわね。

クイズ セミがなくのは、どっち？
1 オス　**2** メス

しぜん みんなで レッツ！ スポーツ

440
しあい中に10回も「どう？」ってきくスポーツは？
数字

441
げんかんのチャイムがなったときにしていたスポーツは？
ダジャレ

「けいぞくは力なり」。なぞなぞもおなじだね。

おもしろ回文　上からよんでも下からよんでもおなじ！
→るすになにする？（ルスニナニスル）

442

夜ねむりながらするスポーツって？

おそろい

443

手のひらに「す」。これってなんのスポーツ？

ダジャレ

◀ こたえは193ページ

188〜189ページのこたえ　435 兜（カブトムシからむしをとる）　436 竹とんぼ
437 草むら　438 てんとう虫（ころぶ＝転倒）　439 かぶと虫

ドキドキ☆きもだめし しぜん

449
「おーい」とよんだときようかいが言ったことばは？
ダジャレ

450
あったときにおれいを言うれいぎ正しいおばけって？
ダジャレ

夏の夜のどきょうだめし。おばけってほんとうにいるのかな？

クイズ　おばけやしきは、えいごでなんていうの？
1 ホーンテッドハウス　2 モンスターマンション

451

ダジャレ

のろいがかけられた クルマは はやい、おそいどっち？

452

かくれんぼ

夜のはかばから出てきた ４本足のいきものって？

◀ こたえは199ページ

192〜193ページのこたえ　444 うきわ　445 かに（か２）　446 ヨット（よっと！）　447 みずぎ（見ず・着）　448 ビーチ（うつくしい＝美・１）

ひらめきなぞなぞ

454 これ、なーんだ？

455 このぎょうじは、なーんだ？

456 なかまはずれは、どれ？

ぬくもり
あめんぼう
かぶとむし
はえぎ

絵や文字のもんだいだよ。なにをあらわしているかな？

クイズ 外国からつたわったあそびはどっち？
1 しょうぎ　2 トランプ

457 このスポーツは、なーんだ？

458 「?」に入る数字は？

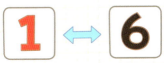

ヒント サイコロをそうぞうしてみて！

459 あるあそびをあらわしているよ。なーんだ？

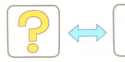

◀ こたえは317ページ

194〜195ページのこたえ　449 ようかい（用かい？）
450 ゆうれい（言う・れい）　451 おそい（のろい＝おそい）　452 かば（はかば）

しぜん 花や木のふしぎはっけん

460 みどり色の葉っぱなのにくろいと言われるしょくぶつって?

461 なにもしていないのにみんなにいやがられる木って?

462 ブランコのあいだにさいているのはなんの花?

463 2本のバラを花びんにさすとどうなっちゃう?

春になると、しんりょくのかおりがすがすがしいね!

ひっかけ10回クイズ 「エベレスト」って10回言ってみて。
➡ じどうで上下にいどうするかいだんは?

しぜん
ほっきょく なんきょく

469 ほっきょくとなんきょくにはさまれているのはなあに？

470 北のはんたいにすすむとなにがある？

471 きょくはきょくでもクスリをしょほうしてくれるきょくって？

ほっきょくとなんきょくでは、なんきょくのほうがさむいよ！

466 つくし　467 クッキー
468 絵（えだ＝絵だ！）

3つの文字がかくれているよ。つなげるとことばになるよ。

202

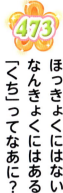

472 きょくはきょくでもアナウンサーがおしごとしているのはどんなきょく？

473 ほっきょくにはないけどなんきょくにはある「くち」ってなあに？

474 アザラシの足のまん中はどうなっている？

475 ほっきょくにすんでいる「46ま」ってなあに？

476 ほっきょくやなんきょくの海にういている山ってなあに？

◀ こたえは204〜205ページ

200〜201ページのこたえ　460 クローバー（くろい・葉）　461 やなぎ（いやな・木）　462 ラン（ブランコ）　463 バラバラになる　464 よわね　465 つよき

しぜん 体のふしぎ

477
口の中にある
4本のけん。
これってなあに？

478
くびはくびでも
口から出てくる
くびってなあに？

479
えきはえきでも
人の体の中を
とおっている
えきって？

480
ビルはビルでも
はなとあごの
あいだにある
ビルって？

人の体もふしぎが
いっぱいよね。お
もしろいなぞなぞ
だな。

475 シロクマ
476 氷山（ひょうざん）

さがして これ は、どこかな？

204

481
こぞうは こぞうでも みんなの足（あし）に ついているこぞう ってなあに？

482
おいしゃさんが むねの音（おと）をきくと へんじをするのは なあに？

483
入（い）れても入（い）れても どんどんへっちゃう 体（からだ）の中（なか）の ふくろって？

484
まゆげとまゆげの あいだにいるのは なに犬（けん）？

◀ こたえは206〜207ページ

202〜203ページのこたえ　469 と（ほっきょくとなんきょく）　470 滝（たき）
471 薬局（やっきょく）　472 テレビ局（きょく）　473 りくち　474 ざらっとしている（アザラシ）

205

どんなあそびがすき？

485 おさらにのせたり ぼうにさしたりする玉ってなぁに？

486 玉は玉でも つかもうとすると きえてしまう玉ってなぁに？

487 まんじゅうはまんじゅうでも みんなでおし合って あったかくするまんじゅうって？

488 ひなたではできるのに ひかげではできない あそびって？

さくらとりりとは、なわとびをよくするんだ。

484 みけん

489 すもうはすもうでも両手をつかったらいけないすもうってなあに？

490 学校や公園にあるジャングルってなあに？

491 まけちゃったのにニコニコえがおのあそびってなあに？

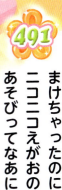

492 ぼうをふりまわしてスイカをわろうとしているのにだれもちゅういしないよ。どうして？

493 かみと石とはさみをつかうあそびってなあに？

494 えをかいていたらともだちに4つちょうだいと言われたものって？

◀ こたえは208〜209ページ

204〜205ページのこたえ　**477** けんし（けん4）　**478** あくび　**479** けつえき
480 くちびる　**481** ひざこぞう　**482** 肺（へんじ＝はい！）　**483** 胃袋（いぶくろ）

207

しぜん きせつのぎょうじ

495
月は月でも ぺったんぺったんと音がする月って？

496
春になると学校にあらわれるがっきは？

497
なみはなみでもみんなでサクラの下で見るなみってなあに？

きせつごとにたのしいイベントがあるね。ワクワクしちゃう☆

---

491 にらめっこ　492 スイカわりをしているから
493 じゃんけん　494 クレヨン（くれ4）

208

498
たながバタンと
たおれそうに
なるのは
なんの日？

499
川は川でも
夜空にかがやく
川ってなあに？

500
ハロウィンに
かかせない
まよけのパンって
なあに？

501
あったかくなると
どんどん
小さくなっちゃう
だるまって
なあに？

502
お母さんが
みそを見て
びっくりする日
といえば？

 こたえは210〜211ページ

206〜207ページのこたえ　485 けん玉　486 シャボン玉
487 おしくらまんじゅう　488 かげふみ　489 うでずもう　490 ジャングルジム

209

しぜん 日本の春夏秋冬

503 花がさくときだけあらわれるイカってなあに？

504 まごはまごでもこいのぼりのなかで一番大きいまごってなあに？

505 にほんで昼の時間が一番長くなる「げげげ」ってなあに？

506 夏にいよくがわいてくる海のあそびといえば？

きみはどのきせつがすきかな？ ぼくは秋がすきだよ。

500 パンプキン（＝かぼちゃ）　**501** ゆきだるま
502 おおみそか（おお！みそか）

507 秋になるとみどりから黄色にへんしんするチョウってなあに?

508 ようふくをあらってきれいにしてくれるクリってなあに?

509 クリはクリでもきれいなのにからたれてしまった赤い葉って?

510 さむい日にじめんから出てくるはしらって?

511 まくらはまくらでも雪でできたつめたいまくらってなあに?

512 おしょうさんがふたりでやってくる日は?

◀ こたえは212〜213ページ

208〜209ページのこたえ　　**495** もちつき　　**496** 新学期（しんがっき）
497 はなみ　**498** 七夕（たな・バタン）　**499** 天の川

プラネタリウムでせいざを見よう!

513

上と下の絵でまちがいが6つ。見つけられるかな?

509 もみじ（もみじ狩り） 510 しもばしら 511 かまくら
512 正月（おしょうさんが・ふたり＝2）

◀ こたえは317ページ

210〜211ページのこたえ　　503 かいか　504 まごい　505 げし（げ4）
506 海水浴（かいすいよく）　507 イチョウ　508 クリーニング

あやとりで なにができるかな

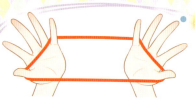

514

1. 両手の親指と小指にひもをかける。右手の中指で♥をとる。

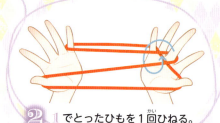

2. 1でとったひもを1回ひねる。

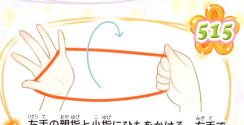

515

1. 左手の親指と小指にひもをかける。右手でひもをもち、1回矢印のほうへねじる。

2. 右手の親指と人差し指にひもをかけ、右手の中指で★をとる。

1から4まであやとりすると、できるものを、「できあがり！」からえらぼう。

【まめちしき】あやとりは、「いととり」「ちどり」と言うちいきもあるよ。日本だけでなく、世界中でたのしまれていて、えいごでは「ストリング・フィギュア（String Figure）」などと言われるよ。

214

3 左手の中指で♥をとる。

4 右手の親指と小指のひも●をはずす。
なにができるかな？

3 左手の中指で★をとる。

4 両手の小指でそれぞれ★をとる。両手を前ならえのようにむこうがわにたおす。なにができるかな？

できあがり！

ちょうちょ　　　　まほうのほうき

◀ こたえは317ページ

クイズ 日本で生まれたあそびは、どっち？
1 お手玉　　2 いろはかるた

200ページ
▶▶▶ エスカレーター
（エレベーターじゃないよ）

201ページ ▶▶▶ ぼうえんきょう

202ページ ▶▶▶ こおり

204ページ

215ページ ▶▶▶ 2

180ページ ▶▶▶ はな

181ページ
▶▶▶ ブランコ（シーソーじゃないよ）

182ページ ▶▶▶ 2

186ページ ▶▶▶ 2

188ページ ▶▶▶ 1

192ページ

194ページ ▶▶▶ 1

198ページ ▶▶▶ 2

こくごの時間だよ

521

百から一をとったらなにになる？
文字

522

ないている子がなにかをかいたよ。それってなあに？
言いかえ

ことばにちゅうもくしてね。こたえがひらめくよ！

ひっかけ10回クイズ
「夏やさい」って10回言ってみて。
➡ 春休みのつぎは？

523

目のすぐ下にハってかくとなんになる?

文字

524

あるところにことばを話せる虫がいました。その虫はきまって「かきくけこ」を「かきくけね」と言います。その虫はなあに?

チェンジ

「かきくけね」

◀ こたえは225ページ

220〜221ページのこたえ
516 さんすう（3スー） 517 下じき
518 チョーク（ちょう9） 519 時間わり（時間・バラバラ＝わる） 520 ほうかご

#527
一番ゆうしゅうながっきといえば？
きいかえ

#528
せきはせきでもべんきょうをなまけるとわるくなってしまうせきって？
おそろい

#529
牛は牛でも色をベタベタぬられる牛ってなあに？
おそろい

なぞなぞクイズ○○○○み

◀ こたえは227ページ

222〜223ページのこたえ　521 白(しろ)　522 べそ（なく＝べそをかく）
523 (漢字(かんじ)の)貝(かい)　524 こがねむし（こをねと言うから）

スタート さんすうの時間だよ

530

10から1をとっちゃうとこたえはいくつ？
数字

531

さんすうじゃないのにかけたりわったりするものは？
ようす

計算はとくいだけど、さんすうのなぞなぞはどうだろう？

ひっかけ10回クイズ　「じゅう」って10回言ってみて。
➡ 90のつぎは？

532

おそろい

数は数でも おいしい数ってなあに？

533

文字

とってもえらーい 一＋一ってなーんだ？

◀ こたえは229ページ

224〜225ページのこたえ　525 線（線を引く）　526 ことわざ
527 リコーダー（りこうだ）　528 せいせき　529 がようし

◀ こたえは231ページ

226〜227ページのこたえ　530 0（10から1をとる）　531 卵　532 おかず
533 王（漢字の一十一）

スクール おんがくの時間だよ

539
みんなの前に立っている4人のきしゃって？
（数字）

540
えいごの「F」をひっくりかえすとなんの音がきこえる？
（さかさま）

みんなですてきなハーモニーをかなでよう♪

 おんがくはえいごでなんと言う？
1 シング　**2** ミュージック

541

木よう日と金よう日だけ
えんそうしてもいい
がっきって？

ダジャレ

542

えんそう中に
ながれてくる
きれいな色って？

おそろい

◀ こたえは233ページ

228〜229ページのこたえ　　534 しおり　　535 うらないの本（おもてだけ＝うらがない）　　536 ゴホン　　537 でんき（ビリビリ→電気）　　538 ひょうし

546 【文字】
点々をとると
カラスになっちゃう
学校にたくさん
あるものって？

545 【ようす】
キレイにふけばふくほど
どんどんきたなく
なってしまうものって？

547 【数字】
教室のすみにある
「53」と書いてある
はこってなに？

◀ こたえは235ページ

230〜231ページのこたえ　539 しきしゃ（4きしゃ）　540 ふえ（F＝エフ）
541 もっきん（木・金）　542 音色

スクール 力を合わせるうんどう会

548
トラはトラでもときょうそうをするときに走るトラって？
（おそい）

549
力がつよいほどどんどんうしろに下がっちゃうきょうぎって？
（ようす）

さいごまであきらめずに、がんばることが大切だよね！

ことば・ならべかえ　うがせんっえおん
【ヒント】大きな声で、気もちをひとつにしよう！

550

うんどう会で みんながかいていたのは なあに？ ひっかけ

551

たった今 ひろったばかりなのに すぐにほうりなげちゃう きょうぎって？ ようす

◀ こたえは237ページ

232〜233ページのこたえ　543 ちりとり　544 息をはいただけだから
545 ぞうきん　546 ガラス　547 ゴミばこ

スクール まちがいさがし

がくげい会で ロミオとジュリエット

552

上と下の絵でまちがいが6つ。見つけられるかな?

クイズ ロミオとジュリエットのさくしゃは、だれかな?
1 シェイクスピア　2 グリム

◀ こたえは317ページ

234〜235ページのこたえ　548 トラック　549 つな引き　550 あせ
551 玉入れ

ひらめきなぞなぞ スクールドリル

553 このぶんぼうぐは、なーんだ？

554 これはなんてよむかな？

ヒント 文字がすみのほうにあるね。

555 「？」に入る数字は？

絵や文字のもんだいだよ。なにをあらわしているかな？

おもしろダジャレ 「こうちょう先生は ぜっこうちょう！」

556 おなじ大きさのちょきんばこ。一番おもいのはどれかな？

557 なかまはずれは、どれ？

558 「？」に入るのはいくつかな？

A = 3　B = 1　C = 0

D = ?　F = 3

ヒント あるものの数をかぞえてね。

◀ こたえは317〜318ページ

ひっかけ10回クイズ
「1がっき2がっき3がっき」って10回言ってみて。
➡ 1がっきのつぎは？

スクール 数字でなぞなぞ

568 とけいは3じ。では、うでどけいはなんじかな？

569 お父さんやお母さんが学校にくる「カンカンカン」の日って？

570 いつも0このくだものはなあに？

571 「4510を4649」ってどういうこと？

数字パターンのなぞなぞがいっぱい。10ページをよくよんでね。

---

564 氷の点をとった（氷⇒水）　565 かげ　566 とけい
567 たいおん（かぜをひくと熱が上がる）

242

572 くろい輪＋くろい輪＋くろい輪は？

573 1は1でも家の中にたくさんある1ってなあに？

574 本についてくるとうれしい「6」ってなあに？

575 ショッピングのかえりパパがもっていたおもたい「2」って？

576 きれいな海の中にいる「3と5」ってなあに？

577 ママがおそばにかけていた「893」ってなあに？

◀ こたえは244〜245ページ

240〜241ページのこたえ　559 電車（上りと下り）　560 手
561 かけ算をしている　562 ぎんの点（だく点）をとる（ぎ⇒き）　563 音

スクール かんじでなぞなぞ

585 木にぼうをさすとなんになる?

586 口の中に玉を入れるととっても大きなものになったよ。それはなに?

587 この世で「文字」をさいしょに書いた人はなんの字を書いた?

588 一は1。二は2。三は3。では四はいくつ?

かんじは1600年くらいまえに中国からつたわったんだって。

583 きもの（にんきもの）
584 肩（かたおもい）

さがして　7つの文字がかくれているよ。つなげるとことばになるよ。

589 石がはみ出したのは右？ 左？

590 足にくっついている体のいちぶってどこ？

591 田んぼの中でひろったのはなん円だま？

592 土の上にぼうを1本おいたらだれがあらわれる？

593 学校の右上にかくれている数字はいくつ？

594 学校の中にかならずいるのはお母さんとお父さんどっちだ？

◀こたえは248〜249ページ

244〜245ページのこたえ　578 こしょう（じこしょうかい）　579 本（ブッ・9）
580 ありがとう　581 ひさしぶり　582 おもい（おもいやり）

学校のなぞってなーんだ？

595 学校の中でおばけが出そうなばしょってどこ？

596 ネコはネコでもしせいがわるい子のところにあらわれるネコって？

597 じゅぎょう中話していてもおこられないのはだれ？

学校でこんなにたくさんのなぞなぞなんて、びっくり！

593 六（漢字の校の右上にある）
594 お父さん（漢字の校の中に父がある）

248

600 学校なのになぜかタイがやってくるばしょって？

599 しょくいん室にたくさんいる牛ってなあに？

598 ちょうれいでとんでいたチョウはなんびき？

601 全員分あるのに9人分しかないって言われるものは？

603 じゅぎょう中こたえがわかってもだれも手をあげないよ。どうして？

602 下校するときになくいきものってなあに？

◀ こたえは250〜251ページ

246〜247ページのこたえ　585 本　586 国　587 文字の文　588 5（画数）
589 右　590 口　591 10円（漢字の田の中に十がある）　592 王

249

スクール えいごでなぞなぞ

604 AはAでも まっくらなげきじょうで見るAって？

605 球を3回ひろったらなんて言われた？

606 タイはタイでもとけいがないと見ることができないタイってなあに？

607 Pと1をくっつけるとあらわれるくだものってなあに？

えいごをべんきょうしておくと、いろんな国の人と話せるよ！

601 給食（9食） **602** カエル（下校＝ゲコー）
603 テストをしているから

608
近づいたら走ってにげたお花って？

609
1から10のうちつい、わらっちゃう数字ってなあに？

610
おまつりではっぴをきるとどんな気分になる？

611
まどの近くで「カー」って10回なったよ。どこからきこえた？

612
「は」にマルを書くと「ぱ」。では「あ」にマルはなに？

613
母さんが3回のったのは？

◀ こたえは252〜253ページ

248〜249ページのこたえ　595 階段（怪談）　596 ねこぜ　597 先生
598 0ひき（チョウ・0）　599 きょうし　600 たいいくかん（タイ・行く）

スクール すいり

世界のめいしょをたんけんしよう

614
イースター島の高台にたてられているよ。石のちょうこくで、大きさは3.5メートルなど、さまざま。900体ほどあるんだって！

615
きょだいな石がつまれている四角すい状のいせきと、しんわなどにとうじょうするライオンの体と人の顔をしたいせきだよ。

エッフェル塔
（フランス）

エベレスト
(ネパール、中国)

せつめいは、どこのことかな？下の絵からえらんでね。

---

609 6（シックス）　610 ハッピー　611 カーテン（10 はえいごでテン）
612 どうぶつ＝アニマル（あにマル）　613 車（かあさん→カー＝車）

616

1889年にかいさいされたパリ万博の目玉となったタワー。今でも1日あたり2万5000人がかんこうでおとずれるよ。

617

ヒマラヤ山脈にある世界で一番高い山。その高さは8850メートル。チベット語では、チョモランマとよばれているよ。

618

てんぼう台「テーブルロック」からのながめが人気。高さはあまりないけど、幅が広い。水の量が多くてはくりょくがあるね。

モアイ像
（チリ）

スフィンクスとピラミッド
（エジプト）

ナイアガラの滝
（アメリカ、カナダ）

◀ こたえは318ページ

250～251ページのこたえ　604 映画（Ａが）　605 サンキュー（3球）
606 タイム　607 桃＝ピーチ（Ｐ１）　608 ラン（走るはえいごでラン）

ぶんしょうをさがそう！

＊文字はたて、よこに自由に進めるよ。
＊おなじ文字は二度よまないように。
＊まずは、はじまりをさがそう。

【みほん】

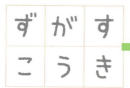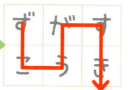

619

カ	レ	ー	よ
な	ょ	し	き
き	く	う	ょ
す	は	ゅ	う
い	だ	き	の

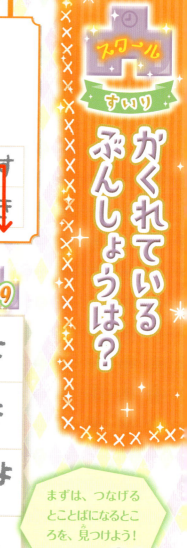

まずは、つなげるとことばになるところを、見つけよう！

よ	う	に	て	う	れ
る	き	な	っ	い	し
が	で	た	い	い	く
り	が	あ	か	さ	で

ん	に	し	よ	た	し
で	ん	さ	か	く	を
ほ	ご	に	な	そ	く
う	か	あ	そ	ぶ	や

6 おまけクイズのこたえ

232ページ ▶▶▶ ぞうきん

234ページ ▶▶▶ おうえんがっせん

236ページ ▶▶▶ 1

239ページ
▶▶▶ 夏休み（2がっきじゃないよ）

241ページ
▶▶▶ 歯ブラシ（歯みがきこじゃないよ）

246ページ ▶▶▶ さくぶんようし

220ページ ▶▶▶ 3本

222ページ
▶▶▶ 1がっき（夏休みじゃないよ）

226ページ
▶▶▶ 91（100じゃないよ）

228ページ ▶▶▶ 7さつ

230ページ ▶▶▶ 2

256

7
ウキウキ
ショッピング
なぞなぞ

なぞなぞぜんこく大会まであと少し。
今日はかぞくでおでかけです。
ショッピングって、ウキウキしちゃうね♪

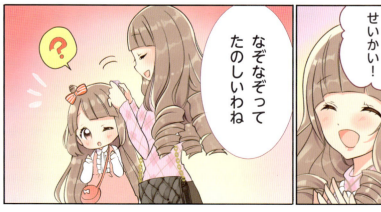

625 言いかえ
しゅっぱつしても
しゅっぱつしないって
言われるのりものは?

624 おそろい
どうろで毎日
色がかわる木って
なーんだ?

626 数字
9とうのトラが
のっているクルマが
とおったよ。
どんなクルマ?

◀ こたえは263ページ

ショシァーフョッン
【ヒント】新作のようふくをモデルさんがきて、みんなに見てもらうよ。

629 ダジャレ
見るとぶるっと
ふるえちゃう色って？

630 おそろい
色は色でも
体がポカポカしてくる
色って？

◀ こたえは265ページ

260〜261ページのこたえ　622 速度、またはスピード　623 パンク（パン9）
624 しんごうき　625 電車（出ん！）　626 トラック（トラ9）

635 安売りしていたやさいはなあに?（かくれんぼ）

634 お金をはらうときにあらわれて口をぱかっとひらくサイって?（おそうい）

633 おさかな売場にある「ままま」ってなあに?（数字）

◀こたえは267ページ

262〜263ページのこたえ　627 きみどり（きみ・鳥）
628 こん（キツネのなき声は「コン」だから）　629 青（ブルー）　630 カイロ

642 チェンジ
「す」の中にイカを入れるとなにになる？

644 チェンジ
アメをメガネで見るとなにに見えるかな？

643 ダジャレ
いつもめいれいばかりする人がきているふくの色は？

◀ こたえは271ページ

266〜267ページのこたえ　636 だんぼう　637 イヤホン　638 カメラ
639 せんぷうき（1000 ぷう）

ショッピング まちがいさがし

アイスクリームが食べたい♥

658

上と下の絵でまちがいが7つ。見つけられるかな？

ひらめきなぞなぞ

659 これ、なーんだ？

660 この食べものは、なーんだ？

661 これ、なーんだ？

絵や文字のもんだいだよ。なにをあらわしているかな？

おもしろダジャレ 「カッターかったら高かった！」

662 さいごにかったのは、どれかな？

ヒント しりとりでさがしてね。

663 「？」に入る数字は、いくつ？

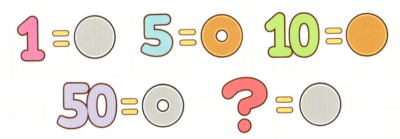

664 「ある」にきょうつうすることばは、なーんだ？

ある	なし
エスカレーター	エレベーター
おもちゃ	えほん
アイスランド	フランス
パンジー	チューリップ

676 原っぱにかくれているがっきって？

677 もってみるとあまりのかるさにおどろくがっきって？

678 がっきがとくいなトラってなーんだ？

679 みんなのわだいになっている和のがっきといえば？

680 がっきやさんに売っているペットって？

681 「クス」ってわらっているようながっきは？

こたえは284〜285ページ

280〜281ページのこたえ　665 ミシン（3しん）　666 エイト（8）
667 ファイト！　668 けいと（Kと）　669 アンモナイト　670 ワッペン

696 おみせのまえがさかになっているのはなにやさん？

697 カンバンに「298」って書いてあるのはなにやさん？

698 おわらいコンビがいるのはなにやさん？

699 タヌキが売っているたからばこ。なにが入っているかな？

700 おみせをしめてテニスをするのはどんな日？

701 おかしやさんでうっている「はひしへほ」って？

◀ こたえは288〜289ページ

284〜285ページのこたえ　682 かね（かめのめがねに）　683 しま（ひまのひがしに）
684 海（うめのめがみに）　685 くつ（くしのしがつに）　686 まつ（まごのごがつに）

◀ こたえは319ページ

290〜291ページのこたえ　711 エンジン　712 きゅうきゅうしゃ　713 タイヤ
（田・イヤ）　714 ハンドル　715 はしご車（はし5車）　716 バイク（倍・苦）

ショッピングすいり

どの花をかおうかな？

722
夏にさく、黄色の大きな花。世界てきな画家のゴッホがえがいた絵もゆうめい。

723
キクににた花で、くきがくうどうになっているよ。赤、ピンク、白、オレンジ、黄色など、色はさまざまだね。

724
フリルのようになみうつ花びらが、かさなりあっているよ。5月の母の日におくる花だね。

725
赤、ピンク、白、オレンジなど、花の色はいろいろ。葉やくきに、トゲをもつものが多いね。

726
「さいた〜、さいた♪〜」の歌詞がゆうめいな春にさく花。きゅうこんからそだてられるよ。

727
6月から7月のつゆのじきにさく花。色は、青、むらさき、白、赤などがあるよ。

せつめいしている花は、どれかな？左のページから花の名前をこたえて。

早口ことば
早口で3回言ってみて。
➡ さくらの山のやまざくら さくさくらあり ちるさくらあり

294

◂ こたえは319ページ

おもしろダジャレ 「花(はな)のかおりをはなでかぐ」

おまけクイズのこたえ

268ページ

270ページ ▶▶▶ マグカップ

272ページ ▶▶▶ 2

274ページ ▶▶▶ 2

280ページ
▶▶▶ はさみ（カッターじゃないよ）

282ページ ▶▶▶ 4つ

260ページ

261ページ
▶▶▶ ファッションショー

262ページ
▶▶▶ うさぎはたまごをうまない

264ページ ▶▶▶ 8本

296

８ スペシャル
なぞなぞ
ぜんこく大会

いよいよぜんこく大会の日。
きんちょうするけど、４人で力を合わせて、がんばろう！
みんなもいっしょに考えてね★

なぞなぞぜんこく大会 1回戦

728 ふくはふくでもしあわせな人のふくってどんなふく？

729 「ボクサー」がボトルをあけるとどんなにおいがした？

730 「ろろろろろ・・・・」「ろ」が1000こもならんでいるばしょって？

731 名前がとってもまずそうないきものって？

732 アタリやハズレがない本についてくるクジってなあに？

773 5年生（正午→小五）　774 と（ひとみ）　775 ち（いちにち・いっかげつ）
776 市長（ダチョウのだがしになる）　777 ヒラメ（なぞなぞ名人→ひらめいた）

なぞなぞぜんこく大会 2回戦

738 体をきたえるとふえるきんってなーんだ？

739 コアラやシマウマはよんでもらえるのにキリンやライオンはよんでもらえないあそびって？

740 色は色でもすぐまよっちゃう色って？

741 学校の中ででこぼこしてそうなばしょってどこ？

742 木の下は木の下でも体の中にある木の下って？

---

732 もくじ　**733** ばく（さばく）　**734** カになった（タカのタをぬく）
735 いびき　**736** ろくろくび（66び）　**737** エ

なぞなぞぜんこく大会 3回戦

748 りすはりすでもけいさつといっしょにたくさんいるりすってなあに？

749 かならずあらわれるどうぶつって？

750 月のはじめになると山があるのにないと言われるのはなにけん？

751 世界中にいるこわーいいきものって？

752 グリーンにかくれているいきものは？

745 すいとう　746 くさい（リュックサック）　747 やわらかい

なぞなぞぜんこく大会 4回戦

758 家の門にぶらさがっているケーキってなあに？

759 1年のうちで一番自由になれるのはなん月？

760 姉妹は姉妹でもいつもさいごにやってくる姉妹ってなあに？

761 かみの毛がカールした人が食べたものは？

762 赤、青、みどり。この中で、すず虫の声がきこえる色はどれ？

752 鳥（グリーン＝みどり）　753 人ごみ　754 ふっとんだ（ふとんがふっとんだ！）
755 にわとり　756 わかめ（カメにわをたした）　757 ぼうしやさん（ぼう4）

なぞなぞぜんこく大会 決勝戦

768 ピクリともうごかずバスをまちつづけているのは？

769 モグラとカメレオンすききらいするのはどっち？

770 木の下にいちじくをおいたら花がさいたよ。なんの花？

771 おばけが毛ぬきをつかうとだれになる？

772 ひとり、ふたり、3人。鳥をさがしやすいのはなん人？

762 みどり（=グリーン）　763 まくら（まっくら）　764 カワウソ
765 毛（毛・いたい）　766 わらった（ギャグ）　767 くき（みきのみがくになる）

まちがいさがし・めいろ さがしえ・ドリル・すいり のこたえ

40〜41ページ

42〜43ページ

45 ゆびわ
ゆびわ以外は「きん」がつくね。

きんたろう　きんか　きんぎょ

ずきん　ゆびわ　きんかん

46 トランプ
「?」に入るのは、「Q（クイーン）」だね。

47 ひめ
あるのことばのうしろには、「ひめ」ということばがつくね。

42 かぼちゃの馬車
かぼが茶色になっているので、かぼちゃ。

43 ほうせきばこ
石でできた「ほう」が「はこ」に入っているね。

44 キング
「グ」が金色だね。

とけたかな？

312

58〜59ページ

56〜57ページ 100

- 101 シンデレラ
- 102 しらゆきひめ
- 103 にんぎょひめ
- 104 おやゆびひめ

80〜81ページ 141

2 ワクワク どうぶつなぞなぞ

82〜83ページ

144 キツツキ
左の月(つき)はさかさになっているから、「キツ」だね。

145 とら
これらのどうぶつは「えと」だね。
右(みぎ)から子(ね)・丑(うし)・寅(とら)・卯(う)・辰(たつ)・巳(み)。
えとは、午(うま)・羊(ひつじ)・申(さる)・酉(とり)・戌(いぬ)・亥(い)
とつづくよ。

142 ハムスター

は　む　スター

143 はくちょう
白(しろ)い文字(もじ)で鳥(とり)と書(か)いてあるから、
白鳥(はくちょう)だね。

98〜99ページ

- 203 フラミンゴ
- 204 チーター
- 205 ヤギ
- 206 ヒツジ
- 207 カンガルー
- 208 カピバラ
- 209 ライオン
- 210 アルパカ
- 211 プレーリードッグ

146 にわとり （83ページ）

わにがさかだちしているから、「にわ」になるよ。

にわ ＋ ちりとり － ちり

147 キリン

96〜97ページ 202

---

3 ピカピカ おしごとなぞなぞ

122〜123ページ

249 パティシエ

スイーツを作る人のことをパティシエというね。

いすがさかさまになっているから、「すい」になるよ。

すい － 2（ツ）
＝スイーツ

250 じゅうい

10と書いたはたをもっているから、10いだった。

120〜121ページ 248

314

253 マンガ家

251 ダンス (122〜123ページ)

ほかのことばには、いきものがかくれているよ。
カメラテスト／さつえい／
リハーサル／ぶたい

252 テニスせんしゅ

手にす ＋ せん ＋ シュシュ － シュ

254 ひく

あるのことばのがっきは、音を出すときに「ひく」ね。

136〜137ページ

311 312 313 314 315

もんだいを考えてもたのしいね！

158〜159ページ 352

4 ごろごろ キッチンなぞなぞ

315

160〜161ページ

356 やさいが入っている
おくらいり／そうり／バニラアイス／かぶと／ビーナス／ねぎらう

357 ケーキ
ほかのことばには、「やき」ということばがつくね。

とり　ケーキ　かば
たこ　いも　たい

358 むしということばが前後につく

353 マスタード
「まど」の中に、星（スター）が入っているね。

354 かいてんずし
お皿にのった「す」が４つ＝すし。回っているものといえば。

355 パスタ
「夕」を人にわたしているね。わたすことは、えいごでパスって言うよ。

174〜175ページ

413 シューマイ

414 カレー

415 ピザ

416 ハンバーグ

196〜197ページ

453

5
ルンルン
しぜん
なぞなぞ

198〜199ページ

 454 ひまわり
「ヒマ」をとんかちでわっているね。

 455 ひなまつり
ヒナ鳥が「ま」をつっているよ。

 456 かぶとむし
ほかのことばには、天気のことばが入っているよ。
ぬくもり／あめんぼう／はれぎ

 457 ツクツクボウシ

ツクツク ＋ ボウリング − リング ＋ シ

 458 4
サイコロのおもてとうらをあらわしているよ。

 459 じゃんけん
数字はゆびの数をあらわしているよ。

212〜213ページ **513**

214〜215ページ

 514 まほうのほうき

 515 ちょうちょ

6 ワイワイ スクールなぞなぞ

236〜237ページ **552**

238〜239ページ

555 9
とけいをあらわしているね。

554 夏休み
「なつ」と「矢」がすみにかいてあるから。

553 えんぴつ
円の中に「ぴつ」があるね。

252〜253ページ

614 モアイ像

615 スフィンクスとピラミッド

616 エッフェル塔

617 エベレスト

618 ナイアガラの滝

556 黄色のぶた (239ページ)

557 さかな

ほかのことばは、かけ算で言えるね。

さんご＝3×5　くし＝9×4　にく＝2×9　さかな　はっぱ＝8×8

558 1

アルファベットにかくれている直線の数をあらわしているね。

254〜255ページ

621
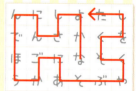
なかよしさんにんで
ほうかごに
あそぶやくそくをした

620
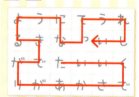
たいいくでさかあがりが
できるようになって
うれしい

619
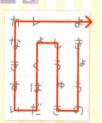
きょうのきゅうしょくは
だいすきなカレーよ

276〜277ページ **658**

7 ウキウキ ショッピング なぞなぞ

318

278〜279ページ

662 キウイフルーツ
ネックレスから、しりとりをはじめるよ。

ネックレス　スニーカー　かさ　さくらんぼ

ぼうし　ショートケーキ　キウイフルーツ

663 100
数字は、お金をあらわしているね。

664 食べものの名前がかくれている
エスカレーター／おもちゃ／アイスランド／パンジー

659 かばん
カンの中に「バ」があるよ。

660 アイスクリーム

ア ＋ いす ＋ くり ＋ ー ＋ ム

661 消しゴム
５６（ゴム）を消しているね。

ぜんもん
せいかいを
めざそう！

294〜295ページ

722 ひまわり

723 ガーベラ

724 カーネーション

725 バラ

726 チューリップ

727 あじさい

292〜293ページ

721

[監修者紹介]
加藤俊徳（かとう　としのり）

株式会社「脳の学校」代表。加藤プラチナクリニック院長。小児科専門医。昭和大学客員教授。発達脳科学・MRI脳画像診断の専門家。胎児から超高齢者まで1万人以上の人をMRI脳画像を用いて診断、治療。脳番地トレーニングの提唱者。『脳の強化書』(あさ出版)、『見るだけで記憶力が上がる』(宝島社)、『男の子は「脳の聞く力」を育てなさい』(青春出版社) など著書多数。

- ★マンガ　　しめ子
- ★イラスト　雷みるく　木下沙沙美　しめ子　せきやゆりえ
  　　　　　てゅーま　七海喜つゆり　みかん　路地子
- ★デザイン　棟保雅子
- ★執筆協力　せかあきと　土門トキオ
- ★編集協力　平山祐子

あたまがよくなる！
女の子のキラメキなぞなぞDX

2018年11月15日発行　第1版
2019年 7月20日発行　第1版　第5刷

監修者	加藤俊徳
発行者	若松和紀
発行所	株式会社 西東社

〒113-0034　東京都文京区湯島2-3-13
http://www.seitosha.co.jp/
営業　03-5800-3120
編集　03-5800-3121〔お問い合わせ用〕

※本書に記載のない内容のご質問や著者等の連絡先につきましては、お答えできかねます。

落丁・乱丁本は、小社「営業」宛にご送付ください。送料小社負担にてお取り替えいたします。本書の内容の一部あるいは全部を無断で複製（コピー・データファイル化すること）、転載（ウェブサイト・ブログ等の電子メディアも含む）することは、法律で認められた場合を除き、著作者及び出版社の権利を侵害することになります。代行業者等の第三者に依頼して本書を電子データ化することも認められておりません。

ISBN 978-4-7916-2801-8